LES VÉHICULES DE LUXE

LA S-CLASS
DE MERCEDES-BENZ

Un livre de la collection Les branches de Crabtree

Tracy Nelson Maurer

CRABTREE
Publishing Company
www.crabtreebooks.com

Soutien de l'école à la maison pour les parents, les gardiens et les enseignants

Ce livre très intéressant est conçu pour motiver les élèves en difficulté d'apprentissage grâce à des sujets captivants, tout en améliorant leur fluidité, leur vocabulaire et leur intérêt pour la lecture. Voici quelques questions et activités pour aider le lecteur ou la lectrice à développer ses capacités de compréhension.

Avant la lecture

- *De quoi ce livre parle-t-il?*
- *Qu'est-ce que je sais sur ce sujet?*
- *Qu'est-ce que je veux apprendre sur ce sujet?*
- *Pourquoi je lis ce livre?*

Pendant la lecture

- *Je me demande pourquoi...*
- *Je suis curieux de savoir...*
- *En quoi est-ce semblable à quelque chose que je sais déjà?*
- *Qu'est-ce que j'ai appris jusqu'à présent?*

Après la lecture

- *Qu'est-ce que l'autrice veut m'apprendre?*
- *Nomme quelques détails.*
- *Comment les photographies et les légendes m'aident-elles à mieux comprendre?*
- *Lis le livre à nouveau et cherche les mots de vocabulaire.*
- *Ai-je d'autres questions?*

Activités complémentaires

- *Quelle est ta section préférée de ce livre? Rédige un paragraphe à ce sujet.*
- *Fais un dessin représentant l'information que tu as préférée dans ce livre.*

TABLE DES MATIÈRES

Le luxe de catégorie mondiale 4
Une beauté sculptée 6
Des passagers dorlotés 12
Des choix puissants 16
La sécurité, c'est sérieux 20
La première des premières 24
Des fidèles partout 28
Glossaire 30
Index 31
Sites Web à consulter 31
À propos de l'autrice 32

LE LUXE DE CATÉGORIE MONDIALE

La devise de Mercedes-Benz est « le meilleur ou rien » depuis la création de l'entreprise en 1926. Aujourd'hui, la S-Class règne sur les véhicules les plus luxueux au monde. La S-Class comprend des grosses voitures, des limousines et des véhicules blindés. Le prix de départ de la berline du **modèle phare** à quatre roues S-Class est d'environ 96 000 $.

En 1954, Mercedes-Benz a lancé sa Sonderklass, qui signifie « classe spéciale » en allemand. On a raccourci son nom au fil du temps pour S-Class.

Pendant de nombreuses années, l'option à deux portes de la S-Class comprenait le **coupé** et la décapotable. L'entreprise a conçu la dernière voiture de ce modèle en 2021 pour se concentrer sur les modèles plus populaires.

Les décapotables sont appelées cabriolets (se prononce ka-bri-o-lè) dans plusieurs pays d'Europe. Le prix de la S-Class cabriolet commence à environ 185 400 $.

UNE BEAUTÉ SCULPTÉE

La S-Class berline ressemble à de l'acier sculpté. Sa forme élégante comprend des poignées rétractables qui sortent lorsque le conducteur est près de la portière avec son porte-clés. Les accents de **chrome** au-dessus des feux arrière horizontaux et sur les côtés mettent en valeur le style élégant.

La boutique de prestige Saks Fifth Avenue a offert 20 berlines Mercedes-Benz S600 édition spéciale dans son catalogue de Noël en 2005. Elles ont toutes été vendues en moins de sept minutes au prix de 145 000 $ chacune.

Redessinée en 2021, la berline S-Class est 1,3 pouce (3,3 cm) plus longue et 2 pouces (5 cm) plus large que les modèles précédents. Cela ajoute de l'espace pour les passagers et dans le coffre.

Les modèles S500 et S580 disponibles aux États-Unis sont dotés de la transmission intégrale 4Matic pour un contrôle qui colle à la route.

Mercedes-Benz a élaboré le système E-Active Body Control avec une fonction automatique qui penche légèrement la voiture dans les virages, comme une motocyclette.

La technologie perfectionnée dans la S-Class offre au conducteur de cette berline de l'aide supplémentaire derrière le volant. Un système balaie la route 1 000 fois par seconde pour ajuster le véhicule et offrir un roulement contrôlé. Un autre système avertit le conducteur si la voiture dévie de sa voie. La voiture peut aussi se stationner toute seule.

X422MM 197 RUS
X018CT 777

DES PASSAGERS DORLOTÉS

Le siège du conducteur est moelleux comme un nuage dans la berline S-Class. Près de 20 moteurs fonctionnent pour ajuster la position du siège pour un confort parfait. Même les sièges arrière sont inclinables et sont dotés de repose-jambes. Ils procurent également des massages et enveloppent chaque passager d'une chaleur apaisante.

Jusqu'à 250 lumières à **DEL** créent une ambiance agréable à l'intérieur de ce véhicule de grande classe.

Jusqu'à cinq écrans affichent des renseignements et du divertissement. L'ensemble de jauges numériques derrière le volant fonctionne avec les autres technologies à bord pour créer un effet en trois dimensions sur l'énorme écran central. Des flèches de **navigation** sont également projetées sur la fenêtre avant. Deux écrans à l'arrière et une chaîne stéréophonique à 22 haut-parleurs en option mettent de l'ambiance dans l'habitacle.

La berline utilise l'oculométrie en temps réel, la reconnaissance faciale et le balayage d'empreintes digitales pour ajuster les systèmes de la voiture au conducteur et rehausser la sécurité.

DES CHOIX PUISSANTS

Les acheteurs de la S-Class de Mercedes-Benz choisissent souvent les modèles S500 ou S580. Le moteur est la principale différence et les deux offrent une foule de **chevaux-vapeur**.

- S500 : Moteur à six cylindres de 3,0 litres **suralimenté par turbocompresseur** pour 429 chevaux-vapeur
- S580 : Moteur V-8 de 4,0 litres biturbo pour 496 chevaux-vapeur

L'électronique à bord limite la vitesse maximale de la S-Class aux États-Unis à 130 mi/h (209 km/h).

Les modèles Maybach S-Class S560 et S650 de Mercedes-Benz attirent les propriétaires de l'**élite**. Les Maybach sont plus longues et BEAUCOUP plus raffinées à l'intérieur que les autres véhicules. Elles sont aussi superpuissantes sous le capot. La S650 démarre comme une fusée avec un moteur V-12 de 6,0 litres biturbo pour 621 chevaux-vapeur. Elle est aussi plus dispendieuse que la plupart des voitures, son prix de départ se situant à plus de 200 000 $!

Une berline faite pour la vitesse, la Mercedes-Maybach passe de 0 à 60 mi/h (97 km/h) en seulement 4,6 secondes.

LA SÉCURITÉ, C'EST SÉRIEUX

Mercedes-Benz a construit la première **zone déformable** en 1959 et le premier système de coussin gonflable en 1980 pour protéger les passagers. Les berlines S-Class d'aujourd'hui sont en tête de l'industrie de l'automobile avec des coussins gonflables aux sièges arrière et un système qui soulève la voiture lors d'une collision afin de réduire l'impact.

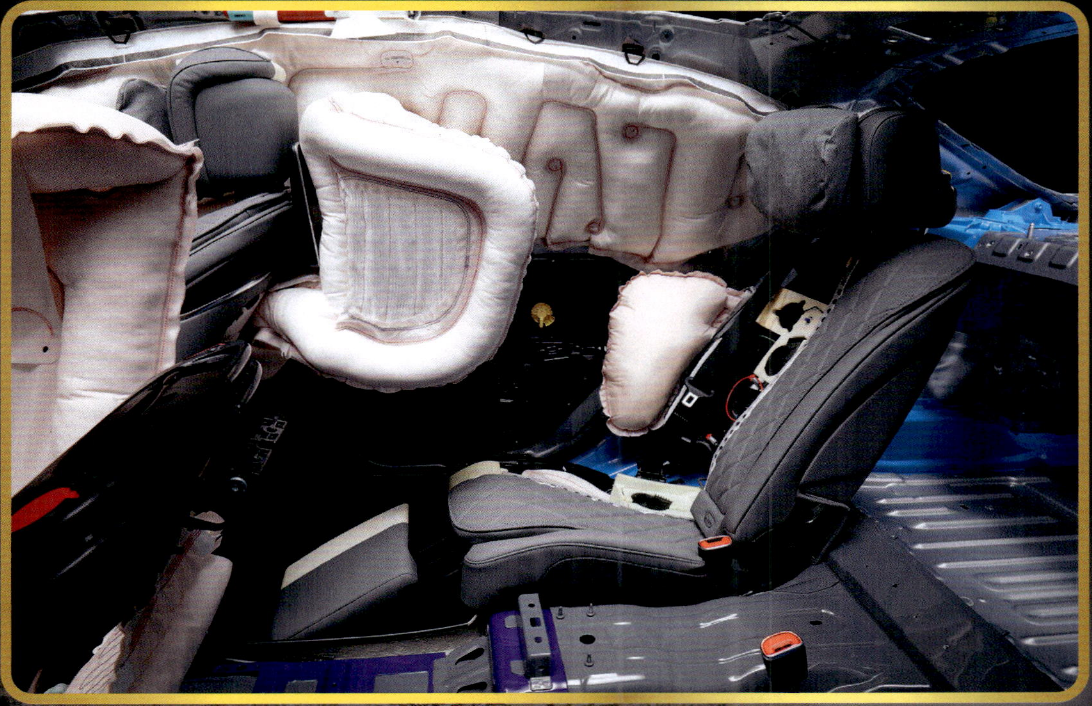

TRANSPORTS
REMORQUAGES
760 500
30-ZS
JIGE
INTERNATIONAL

Les voitures autonomes sécuritaires pourraient être la prochaine étape chez Mercedes-Benz. Ces voitures gèrent les autoroutes lentes et achalandées, permettant au conducteur de porter moins d'attention à la route en vaquant à d'autres occupations.

MBHK 3

LA PREMIÈRE DES PREMIÈRES

Au cours de sa longue histoire, Mercedes-Benz a acquis une **réputation** pour établir des records sur les pistes de course. L'entreprise a commandité la pilote Ewy Rosqvist en 1962. Elle est la première femme à avoir remporté le Grand Prix d'Argentine. Elle a aussi établi le record pour avoir terminé trois heures avant tout le monde.

Ewy Rosqvist (à droite)

De nombreux spécialistes croient que la Benz Patent Motorwagen 1886 était la première voiture au monde. Construite par Karl Benz, sa femme Bertha en a été la première conductrice.

Karl Benz

Bertha Benz

Aujourd'hui, Mercedes-Benz veut établir les plus hautes normes d'usine pour réduire ses effets néfastes sur l'environnement. Les gens sont importants aussi. L'entreprise a peint les mots « End Racism » (mettons fin au racisme) sur chacune de ses voitures de course Silver Arrow.

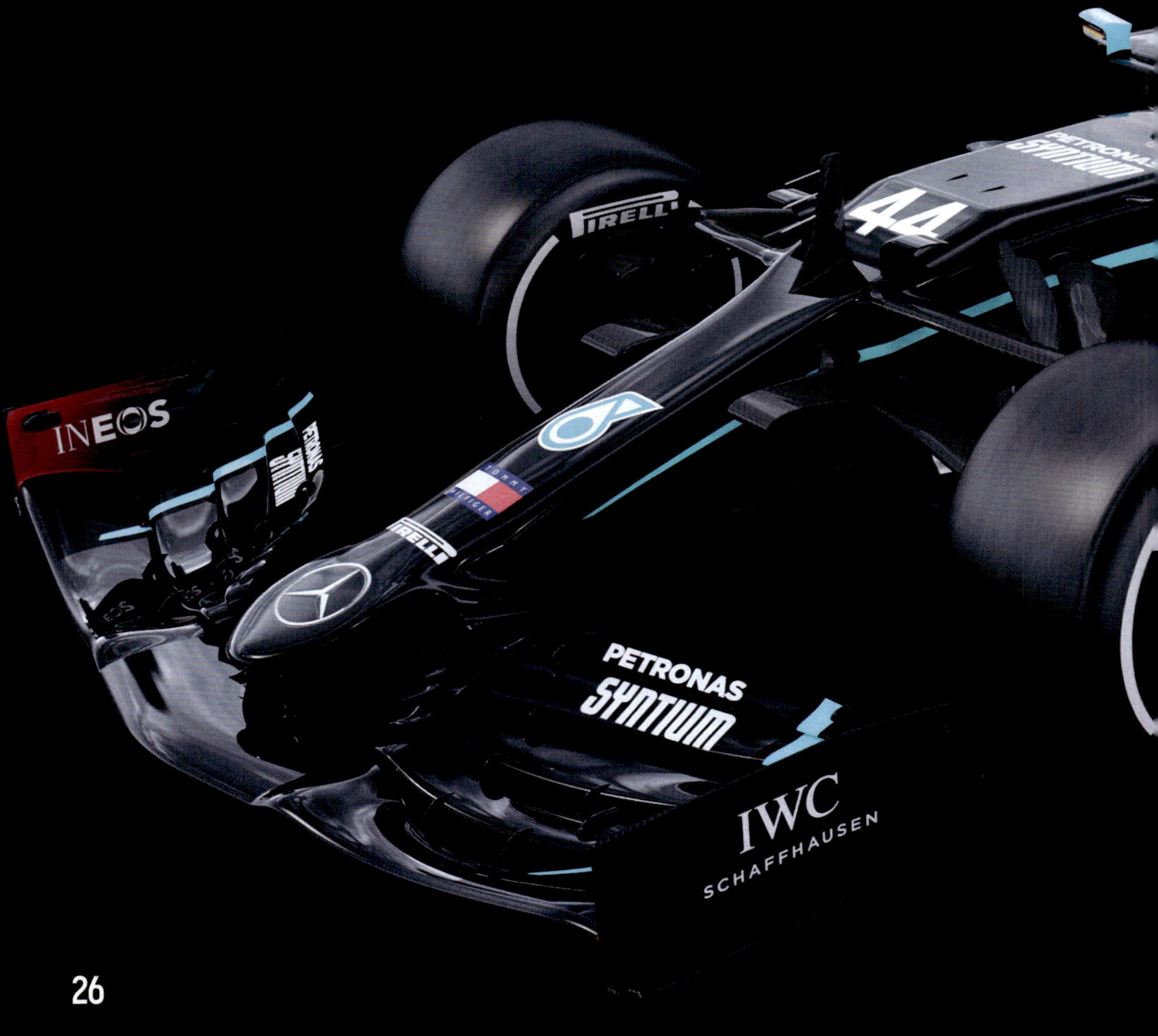

Au cours de la saison de course de 2020, Mercedes-Benz a vivement encouragé ses admirateurs à soutenir l'inclusion de *tout le monde* dans le sport, en affaires et dans la vie.

DES FIDÈLES PARTOUT

Mercedes-Benz exploite 93 succursales partout dans le monde et son siège social est situé à Stuttgart en Allemagne. La gamme de luxe S-Class continue d'attirer des clients fidèles partout. Ils s'attendent au meilleur ou rien!

Aux États-Unis, 70 % des propriétaires de Mercedes-Benz achètent la marque à nouveau pour leur véhicule suivant. Ce sont des amateurs fidèles.

GLOSSAIRE

chevaux-vapeur (che-vo va-peur) : Une unité de mesure de la puissance d'un moteur

chrome (krom) : Métal argenté très brillant utilisé pour protéger ou décorer

coupé (kou-pé) : Une voiture à deux places

DEL (dé-e-èl) : Signifie « diode électroluminescente »; un type de lumière

élite (é-litt) : Personnes très riches ou très importantes

modèle phare (mo-dèl far) : Le principal ou le plus important véhicule du groupe

navigation (na-vi-ga-ssion) : Trouver un lieu et donner les indications pour se rendre à un autre endroit

réputation (ré-pu-ta-ssion) : Un jugement sur une personne ou une chose

suralimenté par turbocompresseur (su-ra-li-man-té par tur-bo-kon-prè-sseur) : Comprend un dispositif qui pousse plus d'air dans un moteur pour produire plus de puissance

zone déformable (zonn dé-for-mabl) : Partie d'un véhicule conçue pour absorber l'énergie lors d'une collision

INDEX

autonomes 22
décapotable 5
Maybach 18, 19
moteur 12, 16, 18
passager(s) 8, 12, 20
sécurité 15, 20
siège(s) 12, 20, 28
technologie(s) 10, 14
transmission intégrale 9

SITES WEB À CONSULTER

www.dkfindout.com/us/transportation/history-cars

www.caranddriver.com/mercedes-benz/s-class

https://carbuzz.com/cars/mercedes-benz/s-class/2021

À PROPOS DE L'AUTRICE

Tracy Nelson Maurer

Tracy Nelson Maurer a écrit plus de 100 ouvrages documentaires pour les jeunes lecteurs. Elle vit au Minnesota, où elle conduit joyeusement une minifourgonnette.

Nous reconnaissons que certains mots, noms de modèle et désignations, par exemple, mentionnés dans le présent ouvrage sont la propriété des titulaires de la marque de commerce. Nous les utilisons à des fins d'identification seulement. Ceci n'est pas une publication officielle.

CRABTREE Publishing Company

Production : Blue Door Education pour Crabtree Publishing
Autrice : Tracy Nelson Maurer
Conception : Jennifer Dydyk
Révision : Kelli Hicks
Correctrice : Janine Deschenes
Traduction : Annie Evearts
Coordinatrice à l'impression : Katherine Berti

Photographies : Couverture : (logo) © Shutterstock.com/officeku, (indicateur de vitesse) © Shutterstock.com/Panuwatccn, (toit de voiture reluisant en haut à gauche de la couverture et dans le livre) © Shutterstock.com/ Inked Pixels, (photo de Mercedes sur la couverture) © Artzzz| Dreamstime.com, (titre) © Artzzz| Dreamstime.com, p. 4 © Hanohiki| Dreamstime.com (haut), © Sergey Kohl| Dreamstime.com, p. 5 © filmfoto/istock.com (haut), © Grzegorz Czapski| Dreamstime.com, p. 6 © Jack Skeens / Shutterstock.com, p. 7 © DoubleBoris / Shutterstock.com, p. 8 © Artur_Nyk / Shutterstock.com (double page), © Stanislav Sablin/istock.com, p. 9 © AdrianHancu/istock.com (médaillon), p. 10 © Mike Mareen / Shutterstock. com (double page), © Tadeáš Skuhra| Dreamstime.com (médaillon), p. 11 © Konev Timur/istock.com (médaillon), p. 12-13 © Artur_Nyk / Shutterstock.com (double page), p. 13 ©Vitalij Sova| Dreamstime.com (médaillon), p. 14-15 © Artur_Nyk / Shutterstock.com, p. 16 © Timur Konev| Dreamstime.com, p. 17 © Daimler AG. Tous droits réservés (toutes), p. 18-19 © Daimler AG. Tous droits réservés (toutes), (photo de Kanye West) © Editorial credit: Tinseltown / Shutterstock.com, p. 20 © atlantic-kid/istock.com, p. 21 © Daimler AG. Tous droits réservés (médaillon), © AdrianHancu/istock.com, p. 22 © Gabo_Arts / Shutterstock.com (double page), p. 23 Teddy Leung / Shutterstock.com (haut), © Konstantin Grigorev| Dreamstime.com, p. 24 © Shyripa Alexandr / Shutterstock.com (bas), © Ewy_Rosqvist_Public Archives, p. 25 © Daimler AG. Tous droits réservés (haut), Portraits images publiques de Benz, p. 26-27 © Daimler AG. Tous droits réservés. Mercedes Benze Racing, p. 28 © Tobias Arhelger / Shutterstock.com, p. 29 © Teddyleung| Dream-stime.com (haut), © (nul) (nul)| Dreamstime.com

Crabtree Publishing Company
www.crabtreebooks.com 1-800-387-7650

Publié aux États-Unis
Crabtree Publishing
347 Fifth Avenue
Suite 1402-145
New York, NY, 10016

Publié au Canada
Crabtree Publishing
616 Welland Ave.
St. Catharines, Ontario
L2M 5V6

Imprimé au Canada/102021/CPC

Catalogage avant publication de Bibliothèque et Archives Canada

Titre: La S-Class de Mercedes-Benz / Tracy Nelson Maurer.
Autres titres: S-Class by Mercedes-Benz. Français.
Noms: Maurer, Tracy Nelson, auteur.
Description: Mention de collection: Les véhicules de luxe | Les branches de Crabtree | Traduction de : S-Class by Mercedes-Benz. | Traduction : Annie Evearts. | Comprend un index.
Identifiants: Canadiana (livre imprimé) 20210355468 | Canadiana (livre numérique) 20210355573 | ISBN 9781039603387 (couverture souple) | ISBN 9781039603448 (HTML) | ISBN 9781039603509 (EPUB)
Vedettes-matière: RVM: Mercedes (Automobiles)—Ouvrages pour la jeunesse. | RVMGF: Documents pour la jeunesse.
Classification: LCC TL215.M4 M3814 2022 | CDD j629.222/2—dc23